Christian Bauer

Die Beteiligungsfinanzierung als Instrument der Außenfina
ternehmen

Christian Bauer

Die Beteiligungsfinanzierung als Instrument der Außenfinanzierung deutscher Industrieunternehmen

GRIN Verlag

Bibliografische Information der Deutschen Nationalbibliothek: Die Deutsche Bibliothek
verzeichnet diese Publikation in der Deutschen Nationalbibliografie; detaillierte bibliografische Daten sind im Internet über http://dnb.d-nb.de/ abrufbar.

1. Auflage 2009
Copyright © 2009 GRIN Verlag
http://www.grin.com/
Druck und Bindung: Books on Demand GmbH, Norderstedt Germany
ISBN 978-3-640-54167-6

Die Beteiligungsfinanzierung

als Instrument der Außenfinanzierung
deutscher Industrieunternehmen

Bachelorarbeit

zur Erlangung des akademischen Grades

Bachelor of Science

an der

Universität Passau

Eingereicht am Lehrstuhl Allgemeine Betriebswirtschaftslehre

von: Christian Bauer

Passau, im September 2009

I. Inhaltsverzeichnis

II. Abbildungsverzeichnis

III. Abkürzungsverzeichnis

Abb.	Abbildung
AG	Aktiengesellschaft
AktG	Aktiengesetz
BaFin	Bundesanstalt für Finanzdienstleistungsaufsicht
BAND	Business Angels Netzwerk Deutschland e.V.
Btlg.	Beteiligung
bzw.	beziehungsweise
DAX	Deutscher Aktienindex
DeTeBe	Deutsche Technologie Beteiligungen
etc.	et cetera
GdbR	Gesellschaft des bürgerlichen Rechts
GmbH	Gesellschaft mit beschränkter Haftung
i.d.R.	in der Regel
i.L.	in Liquidation
IPO	Initial Public Offering
KG	Kommanditgesellschaft
KGaA	Kommanditgesellschaft auf Aktien
KBG	Kapitalbeteiligungsgesellschaft
M&A	Merger & Acquisition
MBI	Management Buy In
MBO	Management Buy Out
MDax	Mid-cap Deutscher Aktienindex
Mio.	Million
NASDAQ	National Association of Securities Dealers Automated Quotations
OHG	Offene Handelsgesellschaft

sog.	sogenannt(e,er,es)
TecDax	Technologie-Werte Deutscher Aktienindex
u.a.	unter anderem
usw.	und so weiter
v.a.	vor allem
VC	Venture Capital
VCG	Venture-Capital-Gesellschaft
Vgl.	Vergleiche
z.B.	zum Beispiel

1. Einleitung

In einem marktwirtschaftlich orientierten Wirtschaftssystem ist die Überschusserzielung das oberste Ziel eines Unternehmers. Sollte dieses durch die Herstellung und den Verkauf von Gütern erreicht werden, was die Gründung eines Industriebetriebes erfordert, dann sind konstitutive Entscheidungen, wie Rechtsform- und Standortwahl usw., zu treffen. Im Anschluss daran sind Produktionsfaktoren zu beschaffen. Arbeitskräfte müssen ausgewählt, eingestellt und bei Bedarf ausgebildet werden. Grundstücke, Gebäude, Maschinen und Fahrzeuge etc. müssen erworben werden. Ebenso benötigt man die Rohstoffe oder Halbfabrikate, aus denen später im Leistungsprozess marktfähige Produkte hergestellt werden.

Solch ein Gründungsvorhaben stellt auch immer den Ausgangspunkt für weitere finanzwirtschaftliche Überlegungen dar, da das ganze Vorhaben nur gelingen kann, wenn der Unternehmer über ausreichende finanzielle Mittel zur Beschaffung der benötigten Produktionsmittel und zur Finanzierung des fortlaufenden Betriebes verfügt. Die Gesamtheit der Finanzierungsquellen, die einem Unternehmen hierfür zur Verfügung steht, wird als Kapital bezeichnet. Den Prozess der Bereitstellung des Kapitals nennt man Finanzierung.

Nur selten wird der Eigentümer die Finanzierung zu 100 % aus eigenen Mitteln bestreiten können, was dann als Innenfinanzierung bezeichnet wird. In der Regel ist er auf die Kapitalüberlassung unternehmensexterner Dritter angewiesen, welche dann als Außenfinanzierung bezeichnet wird. Die **Beteiligungsfinanzierung** ist ein ganz besonderes Instrument der Außenfinanzierung.

Ziel der vorliegenden Arbeit ist die Darstellung des Instruments der Beteiligungsfinanzierung. Zunächst wird auf die finanzwirtschaftlichen Interessen und Ziele eingegangen und im Anschluss die Bedeutung und der Stellenwert der Rechtsform in Bezug auf die Beteiligungsfinanzierung beleuchtet. Nachdem dem Leser die unterschiedlichen Wege der Beteiligungsfinanzierung näher gebracht wurden, werden die Anlässe, die zu einer Beteiligung führen, erläutert. Ein aktuelles Beispiel aus der Wirtschaft dient hier als Beispiel.

Den Abschluss der Arbeit bilden die einzelnen Phasen des Beteiligungsprozesses sowie eine Gegenüberstellung der Vor- und Nachteile der Beteiligungsfinanzierung aus Sicht des Kapitalgebers und des Kapitalnehmers.

2. Die Beteiligungsfinanzierung

In den folgenden Abschnitten wird auf den Begriff der Beteiligungsfinanzierung eingegangen und anschließend werden vor dem Hintergrund der verschiedenen Rechtsformen die finanzwirtschaftlichen Interessen und Ziele dieser erläutert.

2.1. Der Begriff der Beteiligungsfinanzierung

„[...] Bei der Beteiligungsfinanzierung wird der Unternehmung Eigenkapital von außen über den Kapitalmarkt zugeführt."[1] Dies kann dadurch geschehen, dass von bisher bereits vorhandenen oder neuen Gesellschaftern Geldeinlagen, Sacheinlagen oder Rechte (z.B. Patente oder Wertpapiere) zugeführt werden. Die häufigste Form ist die Geldeinlage, da es sich hierbei um eine nominelle Größe handelt, deren Bewertung keine Probleme bereitet.

In aller Regel findet die Beteiligungsfinanzierung bei der Gründung einer Unternehmung statt, kann aber auch später in Form einer Kapitalerhöhung erfolgen. Dies ist der Fall, wenn erhöhter Bedarf an Eigenkapital für das Unternehmen besteht (z.B. im Falle weiteren Wachstums des Unternehmens).

Das Vorhaben der Erweiterung einer Beteiligungsfinanzierung hängt jedoch davon ab, inwieweit die bisherigen Eigenkapitalgeber bereit sind, ihren Finanzierungsrahmen zu vergrößern bzw. ob und wenn ja in welchem Umfang zusätzliche Eigenkapitalgeber erwünscht sind. Desweiteren muss geprüft werden, ob gewisse Finanzierungen rechtlich überhaupt möglich sind. Obendrein muss die Wirtschaftlichkeit des Unternehmens gegeben sein, damit potentielle neue Kapitalgeber von der Vorteilhaftigkeit einer Beteiligungsfinanzierung überzeugt sind.[2]

Hinsichtlich der Steuerwirkung erscheint die Einlagenfinanzierung jedoch ungünstiger als die Fremdkapitaleinlage, da deren Zinsen als Aufwand in der Gewinn- und Verlustrechnung bis zur Höhe des im Unternehmen angefallenen Zinsertrages desselben Jahres absetzbar sind. Die Dividenden (= Preis für Eigenkapital), aus dem versteuerten Gewinn müssen hingegen bezahlt werden.[3]

---

[1] Braunschweig, C., Unternehmensfinanzierung, Oldenbourg Verlag, München 1999, S. 35
[2] Vgl. Rehkugler, H., Grundzüge der Finanzwirtschaft, Oldenbourg Verlag, München 2007, S. 215ff
[3] Vgl. Schneck, O., Finanzierung, Campus Verlag, Frankfurt a.M. 2001, S. 112ff

2.2 Die finanzwirtschaftlichen Interessen und Ziele

Bei der Beteiligungsfinanzierung ist auf die unterschiedlichen Interessenlagen und Ziele von Kapitalgeber und Kapitalnehmer zu achten. Das gemeinsame Ziel der beiden ist eine positive Rückwirkung aus der Beteiligung. Im Folgenden werden die jeweiligen Interessen und Ziele dargelegt.

2.2.1 Die Ziele und Interessen der Kapitalgeber

Das vorrangige Ziel des Kapitalgebers ist eine möglichst *hohe Rendite* zu erzielen, die im Verhältnis zum erwartenden Risiko steht. „[...] Maßstab hierfür sind die am Finanzmarkt bei anderweitigen Anlagen mit vergleichbarem Risiko erzielbaren Renditen."[4] Die Rendite kann dabei auf die Wertsteigerung der Anteile sowie auf die Verzinsung des Kapitals bezogen sein. Der Kapitalgeber hat jedoch nicht nur finanzielles Interesse, sondern möchte auch Kontrolle und Einfluss auf die Unternehmensaktivitäten nehmen, um sein Investment abzusichern.[5] Ein eventueller Mindestbetrag der Beteiligung spielt für ihn eine erhebliche Rolle, da er sich möglichst nicht nur auf eine Beteiligung beschränken, sondern sein Kapital v.a. in Bezug auf das Risiko auf mehrere verteilen möchte. Die *Fungibilität* bzw. die Veräußerbarkeit der Anteile ist von großer Bedeutung, da sie aussagt, wie schnell der Investor seine Anteile weiterverkaufen bzw. zurückgeben kann.[6] Leicht handelbare Anteile werden daher bevorzugt. Auch die Rechtsform der Unternehmung hat für die Kapitalgeber einen großen Stellenwert und kann über eine eventuelle Beteiligung entscheiden. Zum einen definiert sie mögliche Haftungsbeschränkungen und Rechtsfolgen und zum anderen ergeben sich unterschiedliche steuerliche Konsequenzen für die Gesellschafter.[7]

---

[4] Rehkugler, H., a.a.O., S. 215
[5] Vgl. Franke, G., Hax, H., Finanzwirtschaft des Unternehmens und Kapitalmarkt, 5. Aufl., Springer Verlag, Berlin 2003, S. 1
[6] Vgl. Gerke, W., Bank, M., Finanzierung, 2. Aufl., W. Kohllhammer Verlag, Stuttgart 2003, S. 383
[7] Vgl. Perridon, L., Steiner, M., Finanzwirtschaft der Unternehmung, 12. Aufl., Franz Vahlen Verlag München 2003, S. 357ff

2.2.2 Die Ziele und Interessen der Kapitalnehmer

Das Unternehmen, das in diesem Fall als Kapitalnehmer fungiert, hat das Ziel, die Existenz und den Fortbestand und i.d.R. das weitere Wachstum der Unternehmung zu gewährleisten. Dies geschieht durch wohlüberlegte Investitionen, die der Leistungserstellung und der Leistungsverwertung dienen. Um das hierfür benötigte Kapital zu beschaffen, muss der Kapitalnehmer den Interessen der Kapitalgeber soweit entgegenkommen, dass diese zu einer Kooperation bereit sind.[8]

Auf die Kapitalnehmer kommt im Fall der Beteiligungsfinanzierung keine Belastung durch Zahlungen von festen Zinsen, wie bei der Fremdfinanzierung, zu. Da durch eine Beteiligungsfinanzierung mehr Beteiligte als bisher haften, erhöht sich die Kreditwürdigkeit und die Risikostreuung des Unternehmens.[9]

2.3 Die Bedeutung der Rechtsform bei der Beteiligungsfinanzierung

Die Rechtsform spielt bei der Beteiligungsfinanzierung eine entscheidende Rolle, da die unterschiedlichen rechtlichen Regeln differierende rechtliche und finanzielle Konsequenzen für die Unternehmung haben.[10]

Demnach muss sowohl vom Interessenten, der bereit ist, sich zu beteiligen, aber auch von dem zu finanzierenden Unternehmen genau analysiert werden, welche Folgen eine Beteiligungsfinanzierung für die jeweilige Partei hat.[11]

Im Allgemeinen wird zwischen den Personengesellschaften und den Kapitalgesellschaften unterschieden. Zu den Personengesellschaften zählen die *Offene Handelsgesellschaft* (OHG), die *Kommanditgesellschaft* (KG), die *stille Gesellschaft*, sowie die *Gesellschaft des bürgerlichen Rechts* (GdbR). Die Gruppe der Kapitalgesellschaften umfasst die *Aktiengesellschaft* (AG), die *Gesellschaft mit beschränkter Haftung* (GmbH) und die *Kommanditgesellschaft auf Aktien* (KGaA).[12]

Im Folgenden werden beide Gruppen näher erläutert und speziell auf die Rechte und Pflichten der Gesellschafter eingegangen.

---

[8] Vgl. Franke, G., Hax, H., a.a.O., S. 1f
[9] Vgl. Braunschweig, C., a.a.O., S. 36
[10] Vgl. Gerke, W., Bank, M., a.a.O., S. 382
[11] Vgl. Olfert, K., Finanzierung, 11. Aufl., Kiehl Verlag GmbH, Ludwigshafen 2001, S. 187ff
[12] Vgl. Volkart, R., Corporate Finance, Versus Verlag, Zürich 2003, S. 498

2.3.1 Die Personengesellschaften

„[...] Personengesellschaften sind Unternehmen, die keine Rechtsfähigkeit besitzen und deren Gesellschafter in der Mehrzahl der Fälle natürliche Personen sind."[13] Aufgrund des Anteils am Eigenkapital bestimmt hier ein begrenzter Kreis von natürlichen Personen die Geschäftspolitik der Unternehmung. Die persönliche Beziehung der Gesellschafter steht bei der Personengesellschaft weitestgehend im Vordergrund, was auch zur Folge hat, dass die Geschäfts-anteile der Gesellschafter nicht sehr fungibel sind.[14]

Grundsätzlich erfolgt die Beschaffung des Eigenkapitals in erster Linie durch Kapitaleinlagen der Gesellschafter. Es besteht jedoch die Möglichkeit, neue Gesellschafter aufzunehmen, um die Eigenkapitalbasis auf diese Weise zu vergrößern. Die Beteiligung an Personengesellschaften muss nicht immer direkt erfolgen, sondern kann auch in Form einer Unterbeteiligung geschehen. Hierbei beteiligt sich eine Person nicht unmittelbar an einer Gesellschaft, sondern an einem Geschäftsanteil einer anderen Person.[15]

Mit Ausnahme der Gesellschafter der stillen Gesellschaft, sind alle Gesellschafter einer Personengesellschaft dazu verpflichtet an der Geschäftsführung teilzuneh-men. Dasselbe gilt in Bezug auf die Haftung. Hier können alle Gesellschafter, außer die, der stillen Gesellschaft unmittelbar und unbeschränkt haftbar gemacht werden. Die Kommanditisten bei einer Kommanditgesellschaft haften allerdings nur bis zur Höhe ihrer Einlage, sofern diese geleistet ist.[16]

Am Ende des Geschäftsjahres wird der gesamte Gewinn auf die einzelnen Gesell-schafter aufgeteilt, die dann als Einkünfte aus einem Gewerbebetrieb gelten, und somit der Einkommensteuer unterliegen. Sofern keine Steuerbefreiung der Gesellschaft vorliegt, unterliegt diese der Gewerbesteuer und die Umsätze der Umsatzsteuer.[17]

---

[13] Olfert, K., a.a.O., 11. Aufl., S. 189
[14] Vgl. Ebeling, M., Beteiligungsfinanzierung personenbezogener Unternehmungen, Gabler Verlag, Wiesbaden 1988, S. 1f
[15] Vgl. Wöhe, G., Bilstein, J., Grundzüge der Unternehmensfinanzierung, 7. Aufl., Vahlen Verlag, München 1994, S. 38f
[16] Vgl. Olfert, K., a.a.O., 11.Aufl., S. 189ff
[17] Vgl. Perridon, L., Steiner, M., a.a.O., 11. Aufl., S. 358

2.3.2 Die Kapitalgesellschaften

Im Gegensatz zu den Personengesellschaften sind die Kapitalgesellschaften rechtsfähig und verfügen über ein festes Nominalkapital.[18] Kraft Rechtsform handelt es sich bei der Kapitalgesellschaft um einen Kaufmann. Sie besteht unabhängig vom Ein- oder Austritt einzelner Mitglieder. Die Gesellschafter sind hier mit einem bestimmten Kapital beteiligt und haften nicht persönlich für die Verbindlichkeiten der Unternehmung, sondern nur in Höhe ihrer Beteiligung.[19] Die Gewinne der Kapitalgesellschaften können nicht den Eigenkapitalkonten der jeweiligen Gesellschafter zugeschrieben werden, sondern müssen auf die Gewinnrücklagenkonten fließen. Die Kapitalgesellschaft besitzt im Gegensatz zur Personengesellschaft eigenes Vermögen und haftet damit auch uneingeschränkt.[20]

Bei der GmbH können die Gesellschafter ihre Rechte in der Gesellschafterversammlung geltend machen und besitzen ein Auskunftsrecht über alle Angelegenheiten der Gesellschaft. Ihre Grundlage ist das GmbH-Gesetz. Die Mindesteinlage beträgt 25.000 Euro. Die Übertragung der Geschäftsanteile ist mittels eines in gerichtlicher oder notarieller Form geschlossenen Vertrages möglich.[21] Da die Anteile nicht sehr fungibel sind und für diese kein organisierter Markt besteht, lassen sie sich oft nur unter Schwierigkeiten veräußern und werden daher nicht von Kleinanlegern, sondern bevorzugt von kommerziellen Beteiligungsgesellschaften erworben.[22]

Bei der Aktiengesellschaft handelt es sich um eine Kapitalgesellschaft, deren Gesellschafter mit Einlagen auf das in Aktien zerlegte Grundkapital beteiligt sind. Diese Gesellschaftsform eignet sich besonders für große Unternehmen, die größere Summen zur Finanzierung von Investitionen benötigen. Das Grundkapital wird dann in Aktien aufgeteilt, die dann am organisierten Wertpapiermarkt gehandelt werden können. Das Mindestgrundkapital beträgt 50.000

---

[18] Vgl. Olfert, K., a.a.O., 11. Aufl., S. 200
[19] Vgl. Lasslesberger, E., Finanzierung von A bis Z, Linde Verlag, Wien 2005, S. 139f
[20] Vgl. Olfert, K., a.a.O., 11. Aufl., S. 200f
[21] Vgl. Schneck, O., a.a.O., S. 113ff
[22] Vgl. Werner, H., Kobabe, R., Unternehmensfinanzierung, Schäffer-Poeschel Verlag, Stuttgart 2005, S. 119ff

Euro.[23] Die Aktionäre haben die Pflicht, bei der Gründung der AG ihre Einlagen zu leisten und während der Phase der Gründung bis zur Handelsregistereintragung haften sie sogar unbeschränkt. Je nach Höhe der Einlage richtet sich auch die Beteiligung am Bilanzgewinn für die Aktionäre. Im Rahmen der Hauptversammlung, bei der auch die Weiterverwendung des Bilanzgewinns beschlossen wird, können die Aktionäre von ihrem Mitspracherecht Gebrauch machen. Der Aufsichtsrat, der die Aufgabe hat, die Angelegenheiten des Vorstandes zu überwachen und zu kontrollieren, wird durch die Aktionäre berufen.[24]

Da der Handel der Aktien über die Wertpapierbörsen im Vergleich zum Handel von beispielsweise GmbH-Anteilen einfach vonstattengehen kann, eröffnet sich für die AG im Rahmen der Beteiligungsfinanzierung die Chance einer erhöhten Bereitschaft zur Kapitalüberlassung, aber auch von Spekulationsgeschäften. Diese werden durch die niedrigen Informationskosten unterstützt, da die tägliche Veräußerbarkeit dazu führt, dass eine intensive Information über die Anlage nicht so notwendig ist, wie beispielsweise bei dem Erwerb von GmbH Anteilen.[25]

Bei der KGaA handelt es sich um eine Mischform von KG und AG. Sie hat mindestens einen Gesellschafter, der den Gesellschaftsgläubigern unbeschränkt haftet und zugleich Vorstand (Komplementär) ist. Diese Position des Komplementärs kann wie auch bei der KG eine juristische Person (z.B. GmbH & Co. KGaA) übernehmen, was den Ausschluss der persönlichen Haftung aller Beteiligten ermöglicht. Die KGaA verbindet somit die Vorteile der Personengesellschaften, wie zum Beispiel das unternehmerische Engagement der persönlich haftenden Gesellschafter, mit den Vorteilen der Aktiengesellschaft und der Möglichkeit der leichten Kapitalbeschaffung. Die Rechte der Kommanditaktionäre sind dagegen gegenüber denen der Aktionäre der AG stark eingeschränkt.[26]

---

[23] Vgl. Vollmuth, H., Finanzierung, Hanser Verlag, München 1994, S. 131f
[24] Vgl. Gerke, W., Bank, M., a.a.O., S. 385
[25] Vgl. Drukarczyk, J., Finanzierung, 9. Aufl., Lucius & Lucius Verlag, Stuttgart 2003, S. 224ff
[26] Vgl. Werner, H., Kobabe, R., a.a.O., S. 118f

3. Unterschiedliche Wege der Beteiligungsfinanzierung

Es sollen nun die unterschiedlichen Wege der Beteiligungsfinanzierung aufgezeigt werden. Hierbei spielt eine große Rolle, ob es sich um ein *emissionsfähiges* oder um ein *nichtemissionsfähiges* Unternehmen handelt. Desweiteren betrachten wir die Möglichkeiten einer *Beteiligung durch Mitarbeiter oder des Managements* innerhalb eines Unternehmens, sowie die Beteiligung durch *Venture Capital* und durch sogenannte *Business Angels*.

3.1 Beteiligungsfinanzierung von Unternehmen ohne Börsenzugang

Da in Deutschland der Zugang zur Börse nur den Aktiengesellschaften und den Kommanditgesellschaften auf Aktien vorbehalten bleibt, ist es für nicht-emissionsfähige Unternehmen erheblich schwerer Kapital zu beschaffen.[27] Dies betrifft einen weit überwiegenden Teil der kleinen und mittleren Unternehmen. Obwohl manche Unternehmen die Zugangsbedingungen erfüllen würden, nehmen sie die Möglichkeit Aktien an der Börse auszugeben, um damit Eigenmittel zu beschaffen, nicht wahr. Dazu zählen kleinere Aktiengesellschaften, die sich weitestgehend selbst finanzieren oder deren Aktien in Familienbesitz sind und kein Streubesitz vorhanden ist.[28] Die Gesellschafter eines nichtemissionsfähigen Unternehmens werden nicht nur mit dem fehlenden Zugang zum organisierten Kapitalmarkt konfrontiert, sondern beim Zufluss neuen Kapitals im Rahmen einer Beteiligungsfinanzierung auch mit dem Problem der aktuellen Bewertung und der Neuaufteilung der stillen Reserven und der Beeinträchtigung der Mitsprache-rechte.[29] Für die Kapitalanleger treten bei einer Beteiligung an nichtemissions-fähigen Unternehmen die Nachteile der mangelnden Fungibilität der Anteile, sowie das sogenannte „Lemmon"-Problem[30] auf. Wie auch bei der Beschaffung, fehlt auch bei der Veräußerung ein Markt, auf dem die Beteiligungen handelbar sind. Das „Lemmon"-Problem basiert auf einer Informationsasymmetrie, die auf dem Wissensvorsprung des Verkäufers beruht. Es handelt sich daher um eine

---

[27] Vgl. Schneck, O., a.a.O., S. 112ff
[28] Vgl. Rehkugler, H., a.a.O., S. 217
[29] Vgl. Schneck, O., a.a.O., S113f
[30] Vgl. Akerlof, The market for "Lemmons", 1970

Schwierigkeit bei der Beurteilung des Risikos der Anlage.[31] Die potentiellen Käufer werden annehmen, dass zu den Verkaufsmotiven des Verkäufers erwartete Ertragsverschlechterungen zählen, die in offiziellen Verkaufsunterlagen nicht ausgewiesen sind. Diese Vermutung wird beim Käufer das Interesse wecken, den vom Verkäufer angesetzten Preis zu drücken.[32]

Ein weiteres Problem ist, dass die Beteiligungen meist nicht durch die Stellung von Sicherheiten geschützt werden. Da die Kapitalanlage bei nichtemissionsfähigen Unternehmen eben erwähnte Probleme mit sich bringt, ist sie nicht für Kleinanleger und besonders wegen der Veräußerungsschwierigkeiten eher für Daueranleger geeignet. Solche Anlagen werden von Kapitalbeteiligungsgesellschaften, die ähnlich wie Banken agieren, jedoch keine Kredite, sondern Eigenkapital zur Verfügung stellen, getätigt. Diese Art von Beteiligungsfinanzierung wird später näher erläutert.[33]

3.2 Beteiligungsfinanzierung von Unternehmen mit Börsenzugang

Unternehmen, die einen Zugang zur Börse haben, gelten als emissionsfähig. Der Zugang zur Börse steht jedoch nicht jedem Unternehmen offen, er ist auf diejenigen mit der Rechtsform der Aktiengesellschaft und der Kommanditgesellschaft auf Aktien beschränkt. Im Gegensatz zu nichtemissionsfähigen Unternehmen besteht hier nicht oben genanntes „Lemmon"-Problem, was darauf zurückzuführen ist, dass die Verkäufer der Anteile keinen Informationsvorsprung gegenüber den Anlegern haben. Die Unternehmen mit Börsenzugang unterliegen umfangreichen Informations– und Publizitätspflichten[34] gegenüber den Investoren.

Darüber hinaus sind die Anteile sehr fungibel, verfügen also über eine hohe Verkehrsfähigkeit zu sehr geringen Transaktionskosten.[35] Eine Weiterveräußerung über die Wertpapierbörse ist jederzeit möglich. Bei dieser Form der Beteiligungsfinanzierung ist es möglich, das Eigenkapital in mehrere kleine Teilbeträge zu splitten, was den Aktionären ermöglicht, ihr Vermögen auf mehrere

---

[31] Vgl. Perridon, M., Steiner, L., a.a.O., 11. Aufl., S. 364
[32] Vgl. Schneck, O., a.a.O., S. 114f
[33] Vgl. Perridon, M., Steiner, L., a.a.O., 11. Aufl., S. 364f
[34] § 325 HGB
[35] Vgl. Rehkugler, H., a.a.O., S. 226

Vermögensarten aufzuteilen und damit auch ihr Anlagerisiko zu verringern.[36] Da die Stückelung frei wählbar ist, gibt es demzufolge keinen Mindestbetrag je Aktie.

„[...] Die Rechtsform der Aktiengesellschaft ist am besten für die Aufbringung großer Eigenkapitalbeträge geeignet."[37] Von der großen Anzahl an Eigentümern werden bei der AG grundsätzlich nur kapitalmäßige Interessen vorausgesetzt. Vom Mitspracherecht v.a. von Kleinaktionären wird nur selten Gebrauch gemacht, sie sind eher an einer hohen Rendite interessiert. Um diese zu bestimmen, müssen die künftigen Wachstums- und Ertragschancen des Unternehmens analysiert werden. Hierzu zählen sowohl die Attraktivität der Produkte und der bedienten Märkte, sowie die aktuelle Wettbewerbsposition der Unternehmung. Die Vorschriften des *Aktiengesetzes* (AktG) sorgen für die Sicherheit der Aktionäre.[38]

3.3 Beteiligungsfinanzierung durch Mitarbeiter und Management

Eine weitere Form der Beteiligungsfinanzierung stellt die Finanzierung durch die Mitarbeiter und des Managements dar. Unter einer *Mitarbeiterbeteiligung* „[...] wird die gesellschaftsrechtliche Beteiligung von Mitarbeitern am eigenen Unternehmen verstanden."[39] Den Mitarbeitern werden stille Beteiligungen als *Lohn- oder Gehaltersatz* angeboten und somit Ausschüttungen vermieden. Dies kann auch durch die Ausgabe von Mitarbeiter- oder Belegschaftsaktien erfolgen.[40] Bei der sog. *Erfolgsbeteiligung* wird ein bestimmter Teil einer betrieblichen Erfolgsgröße den einzelnen Mitarbeitern gutgeschrieben. Dieser wird allerdings nicht sofort ausgeschüttet, sondern muss auf bestimmte Zeit als Kapitalanlage im Unternehmen verbleiben. Der dadurch geschaffene steuerliche Vorteil stellt für die Unternehmung einen höheren, für Finanzierungen verbleibenden Betrag dar. Es besteht auch die Möglichkeit, dass die Mitarbeiter sich mit ihrem eigenen Kapital am Unternehmen beteiligen und dadurch das Eigenkapital erhöhen.[41]

---

[36] Vgl. Olfert, K., a.a.O., 11. Aufl., S. 186
[37] Perridon, L., Steiner, M., a.a.O. 11.Aufl., S. 368
[38] Vgl. Rehkugler, H., a.a.O., S. 226f
[39] Lasslesberger, E., a.a.O., S. 171
[40] Vgl. Schneck, O., a.a.O., S. 124
[41] Vgl. Rehkugler, H., a.a.O., S. 220

Dies ist ein für beide Seiten erfolgversprechender Weg der Kapitalbeschaffung, da die Mitarbeiter sich mit größerer Motivation engagieren, wenn sie selbst am Unternehmen beteiligt sind. Die Mitarbeiterbeteiligung ist allerdings nicht sehr weit verbreitet, da sie sich für die einzelnen Unternehmen nicht als günstig erweist. Die Mitarbeiterbeteiligung gilt wegen des hohen Verwaltungsaufwands (kleinere Beträge müssen angelegt und abgerechnet werden) als nicht sehr attraktive Finanzquelle. Unternehmen, die ihr Kapital anderweitig beschaffen können, verzichten daher auf diese Form der Kapitalbeschaffung.[42]

Anders verhält es sich bei Beteiligungen durch Manager und Führungs-kräfte eines Unternehmens, die zusammenfassend unter dem Begriff *Stock-Option-Modelle* bekannt wurden. Durch diese Optionen auf unternehmens-eigene Aktien soll das Management dazu angespornt werden, den Unterneh-menswert bis zu einem bestimmten Zeitpunkt zu steigern, da sie letztendlich auch selbst von einem Kursanstieg profitieren. Man kann hier von einem *Pareto-Optimum* im volkswirtschaftlichen Sinne sprechen, da ein steigender Kurs nicht nur den Managern, sondern auch den Aktionären zugutekommt. Falls die Option ausgeübt wird, fließt dem Unternehmen durch den Kauf der Anteile zusätzliches Kapital zu, was mit einer Verschiebung der Anteilsrechte verbunden ist und somit von den Alteigentümern in der Hauptversammlung mit einer Dreiviertelmehrheit zu beschließen ist.[43] Die Laufzeit der Optionen und der Kreis der Manager, an die Optionen ausgegeben werden, sollten eingeschränkt bleiben, um Manipulatio-nen zu vermeiden und ausreichend Anreize für die Leistungssteigerung zu bieten. In der Regel fließen dem Unternehmen im Rahmen von Stock-Option Programm-men aber keine „frischen Mittel" zu, da es sich um eine *Vergütungskomponente* handelt. Sollten Manager mehr als nur eine Option zur Beteiligung am Unter-nehmen erwerben wollen, so kann das *Management-Buy-Out* (MBO) eine Möglichkeit sein. Bei dieser Form handelt es sich um die Übernahme bereits bestehender Unternehmen durch das bisherige Management. Dem Management werden dabei Teile oder das gesamte Unternehmen zum Kauf angeboten.[44]

---

[42] Vgl. Rehkugler, H., a.a.O., S. 221
[43] Vgl. Schneck, O., a.a.O., S. 125
[44] Vgl. Eilenberger, G., Betriebliche Finanzwirtschaft, 7. Aufl., Oldenbourg Verlag, München 2003, S. 302

Das Kapital, um den Kauf der Anteile zu finanzieren, beschaffen sich die Manager bei Banken. Sollte das nicht ausreichen, besteht die Möglichkeit, dass *Venture-Capital-Gesellschafen*, auf die später näher eingegangen wird, einen Teil übernehmen, oder die bisherigen Eigentümer weiterhin einen Anteil am Eigenkapital halten. Ein erfolgreiches MBO erfolgt nur, wenn die Manager großes Interesse an der Übernahme der Unternehmung haben und wenn sie davon überzeugt sind, dass das Unternehmen auch in Zukunft erfolgreich geführt werden kann. Oft ist ein MBO die Lösung von Nachfolgeproblemen in einem Familienunternehmen. Die bisherigen Eigentümer können bei dieser Form der Beteiligungsfinanzierung davon ausgehen, dass die Unternehmensphilosophie beibehalten wird und die Kundenbeziehungen weiterhin gut gepflegt werden.[45]

Geschehen diese Anteilskäufe von externen Managements, werden diese als *Management-Buy-In* (MBI) bezeichnet. Übernimmt die eigene Belegschaft das Unternehmen bzw. wesentliche Teile davon, wird dies als *Employee-Buy-Out* bezeichnet.[46]

3.4 Beteiligungsfinanzierung mit Venture Capital und Business Angels

Bei der *Venture Capital Gesellschaft* (VCG) handelt es sich um eine besondere Form der *Kapitalbeteiligungsgesellschaft* (KBG). Der markanteste Unterschied im Vergleich zu anderen Kapitalbeteiligungsgesellschaften liegt darin, dass sich VCGs vornehmlich an jungen, im Wachstum befindlichen Unternehmen beteiligen, die nicht börsenreif sind.[47] Sie stellen dem Unternehmen für bestimmte Phasen der Entwicklung Eigenkapital und Management Know-How zur Verfügung. VCGs haben anders als normale KPGs wenig Interesse an laufenden Gewinnen, sondern vielmehr an der Wertsteigerung ihrer Beteiligung und investieren daher vorzugsweise in Unternehmen mit hohem Wachstums- und Erfolgspotential. Das Risiko, das eine solche Beteiligung mit sich bringt, kommt im Begriff Venture Capital (=Wagnisfinanzierung) zum Ausdruck.[48]

---

[45] Vgl. Vollmuth, H., a.a.O., S. 226
[46] Vgl. Olfert, K., Lexikon Finanzierung & Investition, Kiehl Verlag, Ludwigshafen 2008, Nr. 162
[47] Vgl. Werner, S., Kobabe, R., a.a.O., S. 45 f
[48] Vgl. Perridon, L., Steiner, M., a.a.O., 11. Aufl., S. 365

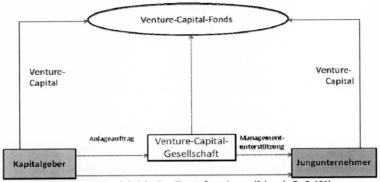

Abb. 1: Einbezug eines VC-Fonds bei der Beteiligungsfinanzierung (Schneck, O., S. 121)

VCGs finanzieren sich durch das Auflegen eines Fonds, den sie bei institutionellen Anlegern wie Großunternehmen, Banken, Versicherungen sowie bei Privatpersonen platzieren. Mittlerweile nutzen VCGs auch die Börse und ermöglichen somit auch Kleinanlegern die indirekte Beteiligung an einer VC-Finanzierung. Der Erfolg eines VC-Fonds hängt im Wesentlichen von der Attraktivität der jeweiligen Engagements ab.[49] Die Renditen dieses Fonds schwanken sehr stark mit der Konjunktur und der Finanzmarktentwicklung, was sich aus den Performancedaten der VC-Gesellschaften erkennen lässt.

Falls es sich bei den Venture-Kapitalisten nicht um Gesellschaften, sondern um Privatpersonen handelt, nennt man diese *Business Angels.* Diese investieren regelmäßig Kapitalbeträge von höchstens 2 Mio. Euro in meist junge Unternehmen. Sie verfügen obendrein über eigene unternehmerische Erfahrung und bringen ihr kaufmännisches Know-How in das Gründungsunternehmen mit ein. Wie auch die VCGs sind die Business Angels nicht am fortlaufenden Gewinn interessiert, sondern vielmehr an der Wertsteigerung ihrer Beteiligungen.[50] Business Angels beteiligen sich häufig an Unternehmen, die sich in einer sehr frühen Phase befinden, in der VC-Gesellschaften die Investitionsmöglichkeit noch nicht entdeckt haben, bzw. die Erfolge hinter Beteiligungen in anderen Finanzierungsphasen zurückgeblieben sind. Sie finanzieren also von der Gründungsidee bis zur Start-Up-Finanzierung und investieren Kapitalbeträge schon ab

---

[49] Vgl. Rehkugler, H., a.a.O., S. 222f
[50] Vgl. Werner, H. Kobabe, R., a.a.O., S. 52

25.000 Euro bis höchstens 2 Mio. Euro und liegen im Durchschnitt bei etwa 200.000 Euro.[51] Es ist nicht nur der finanzielle Aspekt, von dem die jungen Unternehmen profitieren, sondern auch die Erfahrung und Kompetenz der Business Angels. Die Zusammenarbeit der Anleger mit der Unternehmensführung ist bei dieser Finanzierungsform sehr eng und daher keine geeignete Variante, falls die Unternehmer „alleinherrschend" bleiben wollen. Business Angels schließen also die Lücke zwischen institutionellen Investoren und einem Privaten Placement.[52] Zur Vermittlung von jungen Unternehmen, Gründungen und Investoren dienen Business Angels Netzwerke wie zum Beispiel das größte deutsche Netzwerk „Business Angels Netzwerk Deutschland e.V. (BAND)".

3.4.1 Die Phasen der Venture Capital-Finanzierung

Die Venture Capital-Gesellschaft greift den jungen, innovativen Unternehmen in verschiedenen Entwicklungsphasen unter die Arme. Jede dieser Phasen beinhaltet bestimmte Probleme, die von den VCGs gelöst werden müssen. Im Folgenden werden diese Phasen einzeln erläutert. (siehe dazu Anhang Abb. 3)

a) Seed-Financing

Wie aus diesem Begriff Seed-Financing (seed= Saat) schon hervorgeht, wird in dieser Phase der Grundstein für eine erfolgreiche Unternehmensgründung gelegt. Es ist die Vorbereitungsphase, in der der Unternehmer Kapital benötigt, um aus seiner Idee ein Produkt zu entwickeln. Wichtig dabei sind die frühzeitige Formulierung von Leitbildern und Zielen, sowie die Erstellung eines Businessplans. Da zu diesem Zeitpunkt Banken meist nicht bereit sind, eine Finanzierung anzubieten, wird diese Phase häufig aus eigenen Mitteln oder durch Fördermittel finanziert. Sollte aus Sicht der VCG eine innovative Idee mit Aussicht auf Erfolg vorliegen, kann nach sorgfältiger Prüfung auch schon in dieser Phase Eigenkapital zur Verfügung gestellt werden. Einnahmen sind in dieser Phase noch nicht zu erwarten.[53]

[51] Vgl. Schneck, O., a.a.O., S. 123
[52] Vgl. Werner, H., Kobabe, R., a.a.O., S. 52
[53] Vgl. Vollmuth, H., a.a.O., S. 224

b) Start-Up-Financing

Die Phase des Start-Up-Financing ist die eigentliche Gründungsphase. Hier erfolgt eine detaillierte Planung des Unternehmenskonzepts. Marktchancen und Marktpotential werden genauestens geprüft und anschließend der Marktein- und – auftritt geplant. Es tritt eine technische Entwicklung bzw. Weiterentwicklung der Produkte und der Aufbau der Produktionskapazitäten ein. Der Beratungsbedarf in dieser Phase ist sehr hoch und wird durch die VCGs gedeckt. Einnahmen sind auch in dieser Phase noch nicht zu erwarten.[54]

c) First-Stage-Financing

In der Phase des First-Stage-Financing setzt das Unternehmen die Produktion in Gang und beginnt mit der Markteinführung der Produkte, was einen weiteren Kapitalbedarf hervorruft. Die Netzwerke und Erfahrungen der VCGs helfen den jungen Unternehmen bei der Erschließung der Vertriebskanäle. Das Engagement und die Beratung der VCGs werden in dieser Phase intensiviert. Sollte das Unternehmen schon Umsätze erwirtschaften, fallen diese meist relativ gering aus.[55]

d) Second-Stage-Financing

Das Unternehmen befindet sich nun in der Wachstumsphase und muss seine Kapazitäten und Vertriebswege weiter ausbauen. Die VCGs beraten bei Produktionsproblemen oder Strukturfragen. Sie können helfen, die Kosten zu senken und die Vertriebswege weiter auszubauen. Die meisten Unternehmen erreichen in dieser Phase den *Break-Even-Point*, ab dem sie gewinnbringend wirtschaften. Trotzdem wird die Unternehmung von den VCGs weiter auch finanziell unterstützt.[56]

---

[54] Vgl. Rehkugler, H., a.a.O., S. 223f
[55] Vgl. Rehkugler, H., a.a.O., S. 223f
[56] Vgl. Vollmuth, H., a.a.O., S. 225

e) Third-Stage-Financing

Die Produkte der Unternehmen gehen jetzt von der Wachstums- in die Reife-
phase über und führen bei innovativen Unternehmen bereits zu guten
Gewinnen. In dieser Phase werden bestehende Potentiale erweitert und es wird
versucht, neue zu erschließen. Auch zu diesem Zeitpunkt besorgen die VCGs
weiteres Eigenkapital und kümmern sich um langfristiges Fremdkapital.[57]

f) Fourth-Stage-Financing

In der letzten Phase besteht zwar noch die Möglichkeit weitere konventionelle
Finanzierungen durchzuführen, jedoch bemühen sich die meisten VCGs jetzt ihre
Anteile zu verkaufen und damit ihre Beteiligung abzugeben. In diesem Verkauf
liegt der eigentliche Profit der VCGs, da sie in der Anfangsphase der Unternehmung keine oder nur eine geringe Verzinsung für ihr eingesetztes Kapital erhalten haben. Daher versuchen sie die Beteiligung mit einem hohen Gewinn zu
veräußern. Hierfür gibt es zwei Möglichkeiten: Die eine ist die Beteiligung mit
hohem Agio an die Unternehmensgründer oder an ein anderes Unternehmen zu
verkaufen. Die meist gewinnbringendere Variante ist, das Unternehmen an die
Börse zu bringen (Going Public). Wenn die Aktien der neuen AG nun an der Börse
platziert sind, kann die VCG ihre eigenen Aktien leicht über den Kapitalmarkt
verkaufen. Sollte es sich um ein erfolgreiches und innovatives Unternehmen
handeln, kann ein sehr hoher Gewinn erzielt werden.[58]

---

[57] Vgl. Schneck, O., a.a.O., S. 123
[58] Vgl. Vollmuth, H., a.a.O., S. 225f

4. Anlässe zur Beteiligungsfinanzierung

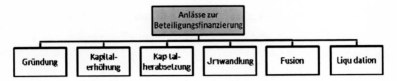

Abb. 2: Anlässe zur Beteiligungsfinanzierung (eigene Darstellung)

Wie aus abgebildeter Graphik zu entnehmen ist, gibt es sechs unterschiedliche Anlässe für eine Beteiligungsfinanzierung, die im folgenden Kapitel anhand der AG näher erläutert werden sollen. Sie umfassen die Gründung, die Kapitalerhöhung und –herabsetzung, die Umwandlung, die Fusion und die Liquidation.[59] Bei den einzelnen Rechtsformen ist der rechtliche Hergang der Anlässe verschieden stark formbelastet.

4.1 Die Gründung

Um ein Unternehmen zu gründen, wird Kapital benötigt, welches in seiner Höhe sehr von der Rechtsform und vom Gegenstand der Unternehmung abhängt. Man spricht hier von der sog. Gründungsfinanzierung.[60] Bevor die Entscheidung für eine Existenzgründung gefällt wird, sollten einige Überlegungen vorangestellt werden. Zunächst sollte genauestens analysiert und geprüft werden, ob ein Markt für die Produkte und/oder Leistungen des künftigen Unternehmens vorhanden ist und wie sich der Wettbewerb darstellt. Da nicht jede Rechtsform im Einzelfall gleich geeignet ist, sollte geklärt werden, in welcher Rechtsform das zu gründende Unternehmen geführt werden soll.

Es kann zwischen drei Arten der Gründung unterschieden werden. Bei der Bargründung wird ausschließlich Eigenkapital in Form von Geld aufgebracht. Sollte die Aufbringung des Eigenkapitals in Form von Vermögenswerten, wie z.B. Grundstücken oder Maschinen erfolgen, bezeichnet man dies als Sachgründung. Die Aufbringung von sowohl Geld als auch Vermögenswerten wird

---

[59] Vgl. Schneck, O., a.a.O., S. 78
[60] Vgl. Perridon, L., Steiner, M., a.a.O., 11. Aufl., S. 355

Mischgründung genannt.[61] Bei der AG kann die Einlage einerseits durch den Erwerb von Anteilen an Kapitalgesellschaften gegen Zahlung von Geld oder andererseits durch die Einbringung von Vermögenswerten erfolgen.

4.2 Die Kapitalerhöhung

Die Kapitalerhöhung ist die **externe Zuführung von Eigenkapital** in ein bestehendes Unternehmen und damit die Veränderung der Struktur des Eigenkapitals bei Kapitalgesellschaften zu Gunsten des gezeichneten Kapitals. Bei bereits börsennotierten Unternehmen verfolgt sie die Ziele der Innovation, der Expansion, die Erschließung neuer Kapitalquellen und Reduktion der Finanzierungskosten, die Gewährleistung unternehmerischer Flexibilität, sowie die Publizitäts- und Imageverbesserung.[62]

Die Kapitalerhöhung einer AG kann in verschiedenen Formen erfolgen. Es muss zwischen *Ordentlicher, Bedingter* und *Genehmigter Kapitalerhöhung* sowie *Kapitalerhöhung aus Geschäftsmitteln* unterschieden werden, wobei letztere nicht zur Gruppe der Beteiligungsfinanzierung gezählt werden kann, da der Gesellschaft hierbei kein neues Kapital zufließt, sondern lediglich eine Umschichtung des bilanzierten Eigenkapitals erfolgt.[63]

Durch diese Maßnahme wird die Höhe des Eigenkapitals nicht beeinflusst, was demzufolge den Aktionären auch keinen Vorteil bringt, da es sich bei den umzuwandelnden Rücklagen nur um nicht ausbezahlte Gewinne an die Aktionäre handelt. Rechtlich ist die Kapitalerhöhung aus Gesellschaftsmitteln in §§207-220 AktG geregelt.[64]

Laut §§182-191 AktG vollzieht sich die ordentliche Kapitalerhöhung durch die Ausgabe neuer (junger) Aktien gegen Einlagen, was zugleich zur Erhöhung des Eigenkapitals führt. Bei der Ausgabe neuer Aktien besitzen die alten Aktionäre ein Bezugsrecht auf neu emittierte Aktien. Falls die alten Aktionäre auf ihr Bezugsrecht verzichten, können diese an der Börse verkauft werden.[65] Durch die Ausgabe neuer Aktien kann sich der Kurs (Marktwert) der Altaktien

---

[61] Vgl. Olfert, K., a.a.O., 11. Aufl., S. 229
[62] Vgl. Perrdion, L., Steiner, M., a.a.O., 11. Aufl., S. 371f
[63] Vgl. Vollmuth, H., a.a.O., S. 142ff
[64] Vgl. Braunschweig, C., a.a.O. S. 37
[65] Vgl. Wöhe, G., Bilstein, J., a.a.O., 7. Aufl., S. 74

verschlechtern, dies wird als Kapitalverwässerung bezeichnet. Da die Altaktionäre dadurch benachteiligt würden, muss diese Werteinbuße ausgeglichen werden, sonst würden sie der Ausgabe junger Aktien auf der Hauptversammlung nicht zustimmen. Ihre Zustimmung ist aber nach §182 AktG erforderlich.[66]

Rechnerisch kann der Kurs der Aktie nach Kapitalerhöhung (K_n) folgendermaßen ermittelt werden:

K = Kurs der Aktie vor Kapitalerhöhung

B = Bezugskurs für eine neue Aktie (B<K)

a = Anzahl der alten Aktien

n = Anzahl der neuen Aktien

$$K_n = \frac{K \cdot a + B \cdot n}{a + n}$$ (Formel: Vgl. Drukarczyk, J., S. 300)

Die bedingte Kapitalerhöhung nach §§192-201 AktG erfolgt nur, wenn von einem Umtausch- oder Bezugsrecht Gebrauch gemacht wird, das von der Gesellschaft auf neu zu vergebende Aktien eingeräumt wird.[67] Sie ist allerdings nur in drei Fällen zulässig: Zur Sicherung von Umtausch- oder Bezugsrechten bei Wandelanleihen (bzw. Optionsanleihen), zur Vorbereitung von Fusionen und zur Gewährung von Bezugsrechten auf junge Aktien von Belegschaftsmitgliedern.[68] Laut §§202-206 AktG ist bei der genehmigten Kapitalerhöhung die Erhöhung des gezeichneten Kapitals nicht an einen bestimmten, gegenwärtigen Finanzierungsanlass gebunden. „[...] So können für die Emission günstige Zeitpunkte abgewartet werden, um bei entsprechendem ´Börsenklima` eine erfolgversprechende Emission durchzuführen."[69] Der Vorstand benötigt die Zustimmung der Hauptversammlung, die genehmigte Kapitalerhöhung innerhalb der nächsten fünf Jahre durchzuführen. Der letztendliche Beschluss, das Grundkapital durch Aus-gabe neuer Aktien gegen Einlagen zu erhöhen, muss lediglich vom Aufsichtsrat abgesegnet werden. Der Nennwert der neuen Aktien darf höchstens 50% des

---

[66] Vgl. Drukarczyk, J., a.a.O., 9. Aufl., S. 299f
[67] Vgl. Eilenberger, G., a.a.O., 7. Aufl., S.287
[68] Vgl. Wöhe, G., Bilstein, J., a.a.O., 7. Aufl., S. 81
[69] Olfert, K., a.a.O., 11. Aufl., S. 243

bisherigen Grundkapitals betragen. Das genehmigte Kapital muss im Geschäftsbericht als solches ausgewiesen werden.[70] Diese Variante soll den Vorgang der Kapitalerhöhung beschleunigen, da sie die rechtlichen Vorschriften, die die ordentliche Kapitalerhöhung mit sich bringt, zu überwinden versucht. Dies ermöglicht es auch, einen plötzlich auftretenden Finanzmittelbedarf unmittelbar zu decken.[71]

4.3 Die Kapitalherabsetzung

Bei der Kapitalherabsetzung eines Unternehmens handelt es sich um eine Verminderung der Eigenkapitalbasis. Grundsätzlich wird zwischen der ordentlichen und der vereinfachten Kapitalherabsetzung, sowie der Kapitalherabsetzung durch Einziehung von Aktien differenziert.[72] Meist wird eine Kapitalherabsetzung dann durchgeführt, wenn das Unternehmen in finanziellen Schwierigkeiten steckt und damit Sanierungsbedarf besteht. Denkbar wäre auch die Entnahme von Kapital durch Gesellschafter oder die Finanzierung von Abfindungen beim Ausscheiden von Gesellschaftern, was jedoch selten auftritt.[73] Bei der ordentlichen Kapitalherabsetzung kommt es gemäß §§222-228 AktG entweder zu einer Nennwertminderung, bei der der ursprüngliche Nennwert eines Anteils herabgesetzt wird, oder die Zusammenlegung mehrerer Aktien. Die Rückzahlung an die Aktionäre ist allerdings erst nach dem Beschluss der Hauptversammlung möglich und kann erst nach sechs Monaten und nach Sicherstellung oder Befriedigung der Gläubiger erfolgen.[74] Das Aktiengesetz nach §§229-236 sieht bei der vereinfachten Kapitalherabsetzung auch die Möglichkeit ohne Abfluss finanzieller Mittel vor. Ziel hierbei ist die buchmäßige Sanierung des Unternehmens. Sie dient lediglich der Bereinigung der Bilanz, z.B. zum Ausgleich von Wertminderungen, sonstigen Verlusten oder zur Einstellung in die Kapitalrücklage.[75] Bei dieser Form ist zu beachten, dass kein Gewinnvortrag vorliegen darf, die freien Rücklagen bereits aufgelöst sein müssen

---

[70] Vgl. Braunschweig, C., a.a.O., S. 37
[71] Vgl. Wöhe, G., Bilstein, J., a.a.O., 7. Aufl., S. 80
[72] Vgl. Braunschweig, C., a.a.O., S. 38
[73] Vgl. Schneck, O., a.a.O., S. 103
[74] Vgl. Drukarczyk, J., a.a.O., S. 338ff
[75] Vgl. Eilenberger, G., a.a.O., S. 288

und die gesetzlichen Rücklagen nach Herabsetzung nicht mehr als 10% des Grundkapitals betragen dürfen. Die Gewinne dürfen erst dann wieder an die Aktionäre ausgeschüttet werden, wenn die gesetzlichen Rücklagen wieder mindestens 10% des Grundkapitals umfassen.[76] Die Technik der vereinfachten Kapitalherabsetzung unterscheidet sich nicht von der der Ordentlichen.

Bei der dritten Form handelt es sich um die Kapitalherabsetzung durch die Einziehung von Aktien gem. §§ 229-236 AktG. Sie eignet sich für die AG besonders zum Ausgleich von Bilanzverlusten und kann zwangsweise oder nach Erwerb der Aktien durch die Gesellschaft erfolgen.[77] Bei beiden Möglichkeiten sind die Vorschriften über die ordentliche Kapitalherabsetzung einzuhalten und zusätzlich müssen die Satzung oder der Beschluss der Hauptversammlung die Voraussetzungen für eine Zwangseinziehung und die Einzelheiten ihrer Durchführung festlegen.[78] Als Ausnahme gilt, wenn Aktien, auf die der Nennbetrag oder der höhere Ausgabebetrag (Agio) voll geleistet ist, der AG unentgeltlich angeboten werden, oder wenn Aktien zu Lasten des Bilanzgewinns oder einer anderen Gewinnrücklage eingezogen werden.[79] Die Auszahlung an die Aktionäre erfolgt erst nach Befriedigung oder Sicherstellung bestimmter Gläubiger zu „Unterpari-Kursen".

Anders als bei der vereinfachten Kapitalherabsetzung gibt es hier keine Ausschüttungsbegrenzung und es sind auch nicht alle Aktionäre gleichermaßen betroffen.[80]

4.4 Die Umwandlung

Falls sich bei einem Unternehmen herausstellen sollte, dass die ursprünglich gewählte Rechtsform nicht mehr zweckmäßig ist, oder sie eine Verbesserung des Zugangs zu Kapitalmärkten erreichen will, kann eine Umwandlung sinnvoll sein. Diese kann entweder mit oder ohne Liquidation erfolgen.[81] Eine Umwandlung mit Liquidation ist dort zwingend notwendig, wo der Gesetzgeber eine Einzel-

---

[76] Vgl. Schneck, O., a.a.O., S. 104
[77] Vgl. Braunschweig, C., a.a.O., S. 38f
[78] Vgl. Schneck, O., a.a.O., S. 105
[79] Vgl. Olfert, K., a.a.O., 11. Aufl., S. 250
[80] Vgl. Drukarczyk, J., a.a.O., 9. Aufl., S. 338f
[81] Vgl. Wöhe, G., Bilstein, J., a.a.O., 7. Aufl., S. 96

rechtsnachfolge vorgesehen hat. Dies ist z.B. der Fall, wenn ein Einzelunternehmen in eine Personengesellschaft umgewandelt wird, hier spricht man
dann von einer Umgründung. Bei dem bisher bestehenden Unternehmen erfolgt
zuerst eine formelle Liquidation, der sich eine Neugründung in der neu vorge-
sehenen Rechtsform anschließt. Sehr umständlich bei dieser Form ist jedoch,
dass die Vermögenswerte des alten Unternehmens einzeln auf das Neue übertragen werden müssen.[82]

Anders als bei der Umwandlung mit Liquidation können die Vermögenswerte bei
der Umwandlung ohne Liquidation als Ganzes in das neue Unternehmen übertragen werden. Man unterscheidet zwischen der übertragenden Umwandlung
und der formwechselnden Umwandlung.

Die übertragende Umwandlung kann entweder einer verschmelzende oder eine
errichtende sein. Bei erstgenannter ist das Vermögen des umzuwandelnden
Unternehmens auf ein bereits bestehendes Unternehmen zu übertragen, daher
kommt diese Form der Fusion sehr nahe. Wenn das Vermögen des umzuwandelnden Unternehmens auf ein neu zu gründendes Unternehmen übertragen
wird, sprechen wir von der errichtenden Umwandlung.

Die formwechselnde Umwandlung macht keine Vermögensübertragung
erforderlich, da die Rechtspersönlichkeit der Unternehmung erhalten bleibt und
nur die Rechtsform gewechselt wird.[83]

4.5 Die Fusion

Unter einer Fusion versteht man den Zusammenschluss zweier oder mehrerer
Unternehmen zu einer wirtschaftlichen und rechtlichen Einheit. Man unterscheidet wie auch schon bei der Umwandlung zwischen der Fusion mit Liquidation
und ohne Liquidation. Bei der Fusion mit Liquidation wird das Vermögen der
übertragenden Gesellschaft im Wege der Einzelrechtsnachfolge auf die über-
nehmende Gesellschaft übertragen. Dieses Verfahren ist sehr umständlich und
zeitaufwendig und kommt nur zum Tragen, wenn Einzelunternehmen oder eine
Personengesellschaft an der Fusion beteiligt sind.[84]

---

[82] Vgl. Olfert, K., a.a.O., 11. Aufl., S. 252
[83] Vgl. Olfert, K., a.a.O., 11. Aufl., S. 252f
[84] Vgl. Wöhe, G., Bilstein, J., a.a.O., 7. Aufl., S. 107

4. Anlässe zur Beteiligungsfinanzierung

Bei der Fusion ohne Liquidation gibt es zwei Wege für die technische Durchführung. Die erste Form ist die Verschmelzung durch Aufnahme. Hier wird das Vermögen des übertragenden Unternehmens als Gesamtheit zur übernehmenden Gesellschaft transferiert. „[...] Die Aktionäre der übertragenden Gesellschaft werden somit Aktionäre der übernehmenden Gesellschaft."[85] Die Grundlage für eine Fusion bildet der notariell zu beurkundende Verschmelzungsvertrag, dem die Hauptversammlung mit einer Drei-Viertel-Mehrheit zustimmen muss.

Die zweite Form ist die Verschmelzung durch Neubildung. Das Vermögen der bei der Fusion beteiligten Unternehmen geht hier auf eine neugebildete AG über. Die Verschmelzung ist jedoch erst dann zulässig, wenn die fusionierenden Gesellschaften mindestens zwei Jahre im Handelsregister eingetragen sind. Wie bei erstgenannter Verschmelzung gilt auch hier, dass die Hauptversammlung der Unternehmen mit einer Drei-Viertel-Mehrheit dem Beschluss zustimmen muss. Bei der Fusion treten generell Probleme bei der Bemessung der Leistungen der übernehmenden Gesellschaft an die Aktionäre der übertragenden Gesellschaft auf, da sie für ihr bisheriges Vermögen Aktien der neuen Gesellschaft erhalten und hierfür zunächst das Umtauschverhältnis ermittelt werden muss. Um dieses zu errechnen, können entweder das buchmäßige Reinvermögen, die Börsenkurse oder eine Gesamtbewertung der Ertragsaussichten der Gesellschaften herangezogen werden.[86]

4.6 Die Liquidation

Die Liquidation kann freiwillig erfolgen oder zwangsweise gerichtlich vorgenommen werden und bedeutet das Ende des Unternehmens. Dies geschieht durch die Einleitung eines Insolvenzverfahrens beim Standortamtsgericht. Es dient dazu, die Vermögenshaftung für die Gläubiger zu verwirklichen. Unterschieden werden muss zwischen der materiellen und der formellen Liquidation.[87] Bei der materiellen Liquidation wird eine Abwicklungsgesellschaft geschaffen, deren

---

[85] Olfert, K., a.a.O., 11. Aufl., S. 255
[86] Vgl. Wöhe, G., Bilstein, J., a.a.O., 7. Aufl., S. 109f
[87] Vgl. Schneck, O., a.a.O., S. 108ff

Aufgabe es ist, die Vermögensgegenstände zu verwerten, indem diese verkauft werden. Die Gesellschaft trägt ab dann den Zusatz „i.L.", was den Zustand der Liquidation publiziert. Von einer formellen Liquidation spricht man, wenn das Unternehmen zwar in seiner bisherigen Rechtsform untergeht, jedoch seine Erwerbstätigkeit mit den einzeln auf die neue Rechtsform übertragenen Vermögensgegenständen fortsetzt. Sie liegt z.b. bei der Umwandlung im Wege der Einzelrechtsnachfolge vor. Die Liquidation kann ihrem Umfang nach entweder eine Total- oder eine Teilliquidation sein.[88]

Für die Abwicklung der Liquidation sind die Liquidatoren verantwortlich. Bei Aktiengesellschaften wird diese Position vom Vorstand eingenommen. Diese haben nach gültigem Recht eine Eröffnungsbilanz, eine Jahresbilanz (falls sich der Liquidationsprozess über mehrere Jahre hinweg erstreckt), sowie eine Schluss-bilanz aufzustellen. Sofern alle Gläubiger aus dem Liquidationserlös befriedigt worden sind, kann damit begonnen werden, das restliche Vermögen auf die Anteilseigner im Verhältnis ihrer Kapitalanteile zu verteilen. Die Gläubiger müssen dazu jedoch erst mindestens dreimal aufgefordert worden sein, ihre Ansprüche anzumelden und des Weiteren muss ein Sperrjahr abgelaufen sein.[89] Dem Gläubigerschutz kommt bei der Liquidation daher eine besondere Bedeutung zu.

---

[88] Vgl. Olfert, K., a.a.O., 11. Aufl., S. 256
[89] Vgl. Wöhe, G., Bilstein, J., a.a.O., 7. Aufl., S. 117ff

5. Die Kapitalerhöhung am Beispiel von Infineon Technologies AG

Der in München ansässige und im TecDax notierte Chiphersteller Infineon Technologies AG hat sich mit seiner kräftigen Kapitalerhöhung im Juli 2009 aus seiner Schuldenfalle befreit. Die Finanzaufsicht BaFin genehmigte dem Vorreiter aus der Halbleiterindustrie die Ausgabe 337 Mio. neuer Aktien zum Stückpreis von 2,15 Euro. Auf diese Weise wollte das Unternehmen 725 Mio. Euro einsammeln, um sich damit v.a. von kurzfristig fälligen Schulden in Höhe von 700 Mio. Euro zu befreien. Im März dieses Jahres war die Aktie des Chipherstellers sogar bis auf 39 Cent pro Stück gesunken und wurde damit aus dem DAX verbannt. Aktuell notiert die Aktie bei 3,48 Euro. Im Fall von Infineon handelte es sich um eine ordentliche Kapitalerhöhung, da sie durch die Ausgabe neuer Aktien gegen Einlage geschehen ist. Den Altaktionären wurde ein Bezugsrecht auf die neuen Aktien eingeräumt, das sie nicht wahrnehmen mussten, sondern auch verkaufen konnten. Durch dieses Bezugsrecht konnten die Altaktionäre ihre prozentuelle Beteiligung am Unternehmen auf gleichem Stand halten und fielen keiner Verwässerung zum Opfer. Die Altaktionäre sollten für neun alte Aktien vier neue zeichnen können.[90] Da der Ausgabekurs der neuen Aktien deutlich unter dem aktuellen lag, war es sehr sinnvoll und gewinnbringend von diesem Bezugsrecht Gebrauch zu machen. Die Folge war, dass 96,7% der neuen Aktien gezeichnet wurden. Wäre das Interesse nicht so groß gewesen, wäre eine Tochtergesellschaft des Finanzinvestors Apollo Global eingesprungen und hätte 326 Mio. neue Aktien übernommen. In diesem Fall hätte Apollo einen Anteil von 30 % minus einer Aktie an Infineon gehalten. Die Abnahmepflicht für Apollo bestand allerdings nur, wenn der Finanzinvestor durch die Kapitalerhöhung auf einen Anteil von mindestens 15% gekommen wäre, was ihm den Durchgriff auf das operative Geschäft bei Infineon ermöglicht hätte. Da dies nicht mehr möglich war, schien eine Beteiligung von Apollo an Infineon sehr unwahrscheinlich. Der Finanzinvestor ging allerdings nicht mit leeren Händen aus dieser Kapitalerhöhung, ihm winkte eine satte Provision. Apollo hat sich seine Rückendeckung mit 21 Mio. Euro absichern lassen für den Fall, dass die Altaktionäre die Kapital-

---

[90] Vgl. Handelsblatt, „Infineon-Aktie steigt und steigt", vom 16.07.2009

erhöhung alleine tragen würden.[91]

Die Kapitalerhöhung war für Infineon Technologies AG nicht nur der erste Schritt aus der Schuldenfalle, sondern war auch wichtig für die Gewährung der unternehmerischen Flexibilität und sollte ihr auch zu Publizitäts- und Imageverbesserung verhelfen.

---

[91] Vgl. Frankfurter Rundschau, „Infineon braucht Finanzinvestor nicht", vom 03.08.2008

6. Die Phasen des Beteiligungsprozesses bei einer Kapitalgesellschaft

Nachdem die Voraussetzungen für eine Beteiligung geklärt sind, schließen sich die Phasen der Kontaktaufnahme, der Beteiligungswürdigkeitsprüfung, der Vertragsverhandlungen, der fortlaufenden Betreuung sowie der Desinvestition an. (siehe dazu Anhang Abb. 4)

6.1 Voraussetzungen einer Beteiligungsfinanzierung

Um einen erfolgreichen Verlauf der KBG-Aktivitäten zu gewährleisten, müssen bestimmte Voraussetzungen sowohl von den kapitalsuchenden Unternehmen als auch von den kapitalgebenden Gesellschaften erfüllt werden. Für eine Beteiligungszusage stehen neben einem großen Wachstumspotential auch ein effizientes und aussagefähiges Rechnungswesen sowie uneingeschränkte unternehmerische Transparenz des kapitalsuchenden Unternehmens im Vordergrund.

Um das potentielle Beteiligungsprojekt realistisch einschätzen zu können, bedarf es guter Branchenkenntnisse und wirtschaftlicher Kompetenz bei den kapitalgebenden Gesellschaften.[92] Aus diesem Grund spezialisieren sich die meisten KBGs auf eine bestimmte Branche. Ein gutes Beispiel hierfür ist die Deutsche Technologie Beteiligungen AG kurz DeTeBe, die sich mehrheitlich an mittelständischen Technologie- und Wachstumsunternehmen beteiligt.

6.2 Kontaktaufnahme

Schon mit Beginn der Suche nach einem geeigneten Kapitalgeber wird der erste Kontakt fokussiert. Die Auswahl des Kapitalgebers hängt zum größten Teil von dessen Investmentpolitik ab. Hier fließen die absolute und relative Anlagenhöhe sowie die Dauer der Beteiligung mit ein. Anschließend folgt eine erste Grobprüfung, die bei positivem Verlauf die Formulierung einer Beteiligungsabsicht nach sich zieht. Die Kontaktaufnahme kann telefonisch oder bei größeren

---

[92] Vgl. Berens, W., Hoffjan, A., Pakulla, R., Venture – Capital – Finanzierung, aus „Wirtschaftswissenschaftliches Studium", 29.Jhrg., Heft 5, Beck Verlag, München 2000, S. 288

Unternehmen auf jeden Fall schriftlich erfolgen. Auf diese Weise werden Unternehmen und Finanzierungsvorhaben vorab kurz und prägnant vorgestellt und angefragt, ob grundsätzliches Interesse an einer Beteiligung besteht. [93]

6.3 Beteiligungswürdigkeitsprüfung

Es folgt die entscheidende Phase, in der grundsätzlich geklärt wird, ob eine Beteiligung für beide Seiten sinnvoll ist. Der oben genannten Grobprüfung folgt nun die Feinanalyse, wozu die Identifikation vorhandener Risiken und die Analyse der Einflussfaktoren zählen. Um die Feinanalyse so genau und exakt wie möglich zu gestalten, werden bestimmte Instrumente eingesetzt. Hierzu zählen ein detaillierter Businessplan, persönliche Interviews und Unternehmensbesichtigungen, Gutachten Dritter (M&A Berater), Anforderungsprofile, Prognoseverfahren, sowie eine Bilanzanalyse. [94] Dies beinhaltet auch die Due Diligence (=eingehende Prüfung), die die systematischen Stärken und Schwächen des Beteiligungsobjekts bewertet. Es wird hier nicht nur auf die *Hardfacts*, die die Finanzen direkt betreffen, sondern auch die *Softfacts*, die das Know-How der Belegschaft verdeutlichen, geachtet. Aus diesen Fakten werden Kennzahlen ermittelt, mit Hilfe derer sich die Kapitalgeber unternehmensspezifische Informationen beschaffen, um die Kreditwürdigkeit, die Ertragskraft und das Wachstumspotential zu ermitteln. Die Hardfacts schließen u.a. den Umsatz, den Marktanteil, den Verschuldungsgrad und den Cash-flow mit ein. Zu den Softfacts zählen analog dazu beispielsweise die Qualifikation der Mitarbeiter, die Mitarbeiter- und Kundenzufriedenheit, die Mitarbeitermotivation und das Image. Um dies alles zu überprüfen, werden häufig externe Berater herangezogen, damit exakte und unabhängige Daten ermittelt werden können. [95]

---

[93] Vgl. Kollmann, T., Unternehmensbeteiligung, „Wirtschaftswissenschaftliches Studium", 32.Jhrg., Heft 6, Beck Verlag, München 2003, S. 324
[94] Vgl. Berens, W., Hoffjan, A., Pakulla, R., a.a.O., S. 288ff.
[95] Vgl. Kunz, G., Die Balance Scorecard im Personalmanagment, Campus Verlag, Frankfurt 2001, S. 22

6.4 Vertragsverhandlung

Im Anschluss an die Erörterung der Potentiale des Projekts beginnt die Ausgestaltung der Beteiligungsmodalitäten. Der Fokus wird hier insbesondere auf die Beteiligungsform, die Mitsprache- und Kontrollrechte sowie auf die Dauer der angestrebten Finanzierung gelegt. Grundsätzlich können KBGs zwischen der offenen und der stillen Beteiligung wählen. Das Merkmal der offenen Beteiligung ist, dass die Kapitalgeber Anteile am bestehenden Gesellschafskapital übernehmen oder neues Kapital hinzuführen. Bei einer stillen Beteiligung hingegen geht die Einlage in das Vermögen des Einzelunternehmers über. Die Formulierung des Ausmaßes der Informations- und Mitspracherechte der Kapitalgeber im Beteiligungsunternehmen muss gegen Ende der Vertragsverhandlungen ebenfalls formuliert werden. Sobald die Form des Vertrages geklärt ist, muss eine Stichtags- bzw. Übernahmebilanz erstellt werden, sollte der Zeitpunkt des Übergangs nicht mit dem Geschäftsjahr übereinstimmen. Den schwierigsten Punkt der Vertragsverhandlungen stellt die Kaufpreisfindung dar. Sollte der Kaufpreis von zukünftigen Erträgen abhängen, wird dies zusätzlich erschwert. Einen weiteren wichtigen Punkt in den Verträgen nehmen die Garantien ein. Diese legen z.B. fest, dass das Management, das durch sein Know-How meist den größten Wert einer Unternehmung darstellt, diesem erhalten bleiben muss. Ansonsten könnten die Führungskräfte mit ihrem Wissen ein neues Unternehmen gründen und der Wert einer Beteiligung für den Kapitalgeber würde erheblich sinken.[96]

6.5 Fortlaufende Betreuung der Kapitalgeber

Wie oben erwähnt kann es entweder zu einer passiven Mitwirkung oder einer aktiven Betreuung des Kapitalgebers am Unternehmen kommen. Die KBG beschränkt sich bei der passiven Mitwirkung auf die regelmäßige Kontrolle des Beteiligungsunternehmens. Es überwacht bzw. kontrolliert hier lediglich Bilanzen, betriebswirtschaftliche Auswertungen und Finanzpläne. Bei der aktiven Betreuung hingegen wird das Beteiligungsunternehmen vom Kapitalgeber bei

---

[96] Vgl. Hohnhaus, W., Erfolg der M&A Beratung bei Unternehmenstransaktionen, Gabler Verlag, Nürnberg 2004, S. 65f

der Lösung sowohl betriebswirtschaftlicher als auch juristischer Probleme unterstützt.[97] Es bedarf hier eines umfassenden Integrationsmanagements, bei dem die Mitarbeiter beider Unternehmen lernen müssen zusammenzuarbeiten und wichtige Informationen auszutauschen. Die KBGs profitieren hier von ihren Erfahrungen aus vergangenen Beteiligungen und können so ein Umfeld schaffen, das den Prozess einer erfolgreichen Zusammenarbeit fördert.[98]

6.6 Desinvestition

Das Ende einer Beteiligungsfinanzierung stellt die Phase der Desinvestition dar. Diese kann entweder durch einen Börsengang, den Rückkauf der Beteiligungsanteile durch die Gründer (Buy Back) oder im Rahmen eines Unternehmensverkaufs an Dritte (Secondary Sale) erfolgen. Für das Going Public von Wachstumsunternehmen wurden in einigen europäischen Ländern eigene Börsensegmente geschaffen, die der NASDAQ als Vorbild folgen.

Beispiele in Deutschland sind der TecDax oder der MDax.[99] Ausschlaggebend für eine erfolgreiche Börsenemission ist jedoch die aktuelle Marktlage auf den Kapitalmärkten. Sollte diese sich als eher ungünstig erweisen, wie z.B. in der derzeitigen Wirtschaftskrise, ist ein IPO (Initial Public Offering), was das erstmalige öffentliche Anbieten von Aktien an der Börse bedeutet, nicht erstrebenswert.[100] Die Beteiligungsgesellschaft hat die Wahl zwischen einem Teilexit, bei dem nur einzelne Anteile verkauft werden, oder einem Gesamtexit, bei dem alle Anteile am Beteiligungsunternehmen veräußert werden.

Im schlimmsten Fall kann sogar die oben beschriebene Liquidation des Unternehmens die letzte Möglichkeit zum Ausstieg darstellen. Die Desinvestition (= Kapitalabfluss) stellt somit das Pendant zur Kapitalbeschaffung dar. Wie auch bei der Beteiligungsfinanzierung kann die Rückzahlung des Beteiligungskapitals zu Vermögensverschiebungen unter den Kapitalgebern führen.

Es muss zwischen einer Rückzahlung mit und ohne Desinvestition unterschieden

---

[97] Vgl. Berens, W., Hoffjan, A., Pakulla, R., a.a.O., S. 289
[98] Vgl. Hohnhaus, W., a.a.O., S. 67
[99] Vgl. Perridon, L., Steiner, M., a.a.O., 11. Aufl., S. 366
[100] Vgl. Raueiser, T., Syndizierungsstrategien von Business Angels, Eul Verlag, Köln 2007, S. 139

werden.[101] Da es sich bei der Desinvestition um die Freisetzung von in Sach- und Finanzwerten investierten Geldbeträgen in liquider Form handelt, stellt die Rückzahlung ohne Desinvestition eine Substitution von Eigen- durch Fremdkapital dar. Die alten Gläubiger werden durch die Rückzahlung von Beteiligungskapital teilenteignet, wohingegen die Gesellschafter den Enteignungsgewinn bekommen. Dies ist dadurch zu erklären, dass die neuen Gläubiger einen Teil der monetären Rechte der alten Gläubiger erhalten, ohne dass diese dafür entschädigt werden. Im Gegensatz dazu werden bei der Rückzahlung mit Desinvestition die Liquidationserlöse aus den Desinvestitionen zur Finanzierung der Rückzahlung herangezogen. Demzufolge kann hier eine Substitution von Eigen- durch Fremdkapital ausgeschlossen werden.[102]

---

[101] Vgl. Franke, G., Hax, H., a.a.O., S. 565
[102] Vgl. Wöhe, G., Billstein, J., a.a.O., 7. Aufl., S. 152ff

7. Die Vor- und Nachteile einer Beteiligungsfinanzierung

Um die Vor- bzw. Nachteile einer Beteiligungsfinanzierung näher zu betrachten, ist es sinnvoll die unterschiedlichen Interessenlagen der Kapitalgeber und der Kapitalnehmer zu berücksichtigen.

7.1 Interessenlage Kapitalgeber

Aus Perspektive der Kapitalgeber ist die Beteiligung am Gewinn der größte Vorteil, gefolgt vom Anteil und Mitsprache an der Geschäftsführung, durch die sich der Unternehmensgewinn möglicherweise noch steigern lässt. Der Anteil hängt jedoch von der übernommenen Haftung ab. Ist wie bei einer AG die Haftung auf die Höhe der Einlage beschränkt, ist damit auch der maximale Verlust begrenzt. Durch Diversifizierung (Verteilung des Vermögens auf verschiedene Beteiligungsobjekte) kann der Anleger sein Anlagerisiko erheblich senken. Darüber hinaus hat der Kapitalgeber auch einen Anteil am Firmenwert und an den stillen Reserven in Relation seiner Anteile.

Der Vorteil Sachwerteigentümer zu sein ist besonders in Inflationszeiten sinnvoll, da diese keinen Wertschwankungen unterliegen.

Analog zur Beteiligung am Gewinn stellt natürlich der Anteil am Verlust einen erheblichen Nachteil für die Kapitalgeber dar. Je nach Gesellschafterstellung kann die Haftung beschränkt oder unbeschränkt sein. Abhängig von der Beteiligungsform kann die langfristige Bindung ebenfalls ein Nachteil sein. Handelt es sich um leicht handelbare Anteile bei beispielsweise Aktien, fällt dieser Nachteil weg.[103]

7.2 Interessenlage Kapitalnehmer

Aus Sicht der Kapitalnehmer ist es von Vorteil, dass keine dauerhafte Belastung durch das Zahlen von festen Zinsen wie bei der Fremdfinanzierung besteht. Fremdkapitalzinsen stellen ausgabewirksame fixe Kosten dar, die die Liquidität belasten und „[...] die kurzfristige Preisuntergrenze in die Höhe drücken."[104] Es gibt daher auch keine festen Rückzahlfristen, womit die Liquiditätsbelastung

---

[103] Vgl. Braunschweig, C., a.a.O., S. 36
[104] Braunschweig, C., a.a.O., S. 36

von dieser Seite aus entfällt. Da es sich um eine im Prinzip langfristige Anlage handelt, ist das Eigenkapital variabel einsetzbar. Bei börsennotierten Unternehmen ist eine Übertragung der Anteile durch Mobilisation und Transformation, bei den übrigen Gesellschaften nur durch Kündigung des Vertragsverhältnisses möglich. Durch die quantitative Erweiterung der am Unternehmen Beteiligten erfolgt eine Erhöhung der Kreditwürdigkeit und der Risikostreuung.

Die Nachteile für die Kapitalnehmer liegen eindeutig darin, dass dem Kapitalgeber eine gewisse Geschäftsführungsbefugnisse oder zumindest Mitbestimmungsrechte eingeräumt werden müssen, die von der Gesellschaftsform abhängen.

Betrachtet man den Einfluss von Kommanditisten und Aktionären mit Komplementären und Gesellschaftern offener Handelsgesellschaften, so kann man den Unterschied deutlich erkennen.

Im Gegensatz zu gezahlten Fremdkapitalzinsen sind Gewinnausschüttungen steuerlich nicht als Betriebsausgabe absetzbar, was gegenüber der Fremdfinanzierung einen erheblichen Nachteil darstellt.[105]

---

[105] Vgl. Braunschweig, C., a.a.O., S. 36f

8. Schlusswort

Die Form des Beteiligungsgeschäfts existiert im weiteren Sinne bereits seit mehreren hundert Jahren. Die Tatsache Geld- oder Sachmittel anzubieten, um eine Investition zu ermöglichen, galt immer schon als ziemlich erfolgversprechend. In den letzten Jahren vor der Wirtschaftskrise ist die Nachfrage nach Beteiligungskapital sehr stark angestiegen, was auch auf einen immer flexibleren Börsenmarkt zurückzuführen ist. Da die Absicht eine Beteiligung durchzuführen stark mit der Stimmung auf dem Wirtschaftsmarkt korreliert, ist in den vergangenen Jahren der Krise die Nachfrage stark gesunken. Mittlerweile, so scheint es, ist die Talsohle allerdings durchschritten und die großen Beteiligungsgesellschaften beginnen wieder aktiv zu werden.

Viele erfolgreiche Start-Ups hätten ohne diese Form der Außenfinanzierung keine Möglichkeit gehabt, ihre Idee in ein Produkt umzusetzen, da ihnen Banken Kredite verweigert hätten. Hier springen nun Business Angels und/oder VCGs ein und unterstützen junge und innovative Unternehmen. Da die Beteiligungsfinanzierung nicht nur Kapital, sondern auch „Know-How" in ein Beteiligungsgeschäft mit einbringt, erscheint diese Form der Außenfinanzierung besonders für junge Unternehmen vorteilhaft zu sein.

Diese Arbeit sollte dem Leser die Beteiligungsfinanzierung unter verschiedenen Gesichtspunkten betrachtet, darlegen. Der Schwerpunkt lag auf der Beteiligungsfinanzierung als Instrument der Außenfinanzierung deutscher Industrieunternehmen, die durch ein aktuelles Beispiel aus der Wirtschaft ergänzt wurde.

IV. Anhang

Abb. 3

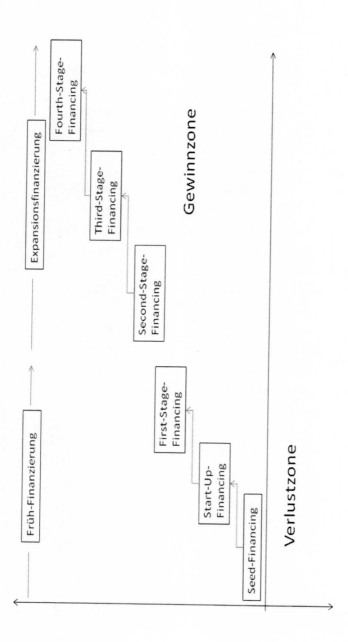

Abb. 3: Unternehmensphasen und Finanzierungsformen (eigene Darstellung nach Rehkugler, H., Grundzüge der Finanzwirtschaft, S. 223)

Abb. 4

Beteiligungsphase	Kontakt		Prüfung	Beteiligung	
	Kontakt (nondisclosure agreement)	LOI (letter of intent)	Due Dilligence	Assessment	Contract
Status	Beteiligungsinteresse	Beteiligungsabsicht	Beteiligungsprüfung	Beteiligungsbewertung	Btlg.-realisierung
Inhalte	Kontakt	Grobprüfung	Konzept/Produkt	Anteilsermittlung - DCR-Methode - VC-Methode	Rechte/Pflichten des VC-Gebers
	Businessplan	Management-gespräche	Markt/Technik		
	Präsentation	Marketresearch	Verträge	Anteilsverhandlung	Rechte/Pflichten des VC-Nehmers
	Artikel/Presse	Expertengespräche	Finanzen		
Abbruchquoten	80 %	20 %	50 %	40 %	10 %
Ziele	Ansprechpartner identifizieren	Kennen lernen	Abbau von Informationsdefiziten	Anteilshöhe festlegen	Rahmenver-einbarungen formulieren
	Interesse ermitteln	Ziele/Absichten erkennen	„worst case"-Szenario besprechen	Exit-Optionen besprechen	Verträge anpassen
	Termin vereinbaren	Konzept präsentieren	Betreuung	Rechtsform festlegen	Geschäftsordnung

Abb. 4: Phasen des Beteiligungsprozesses, (eigene Darstellung nach: Berens, Prof. Dr. W., Hoffjan, Dr. A., Pakulla, Dipl.-Kffr. R., Venture – Capital – Finanzierung, aus „Wirtschaftswissenschaftliches Studium", 29.Jhrg., Heft 5, Beck Verlag, München 2000, S. 288)

V. Literaturverzeichnis

BRAUNSCHWEIG, Christoph (1999): Unternehmensfinanzierung, Oldenbourg Verlag, München 1999

DRUKARCZYK, Jochen (2003): Finanzierung, 9. Aufl., Lucius & Lucius Verlag, Stuttgart 2003

EBELING, Michael (1988): Beteiligungsfinanzierung personenbezogener Unternehmungen, Gabler Verlag, Wiesbaden 1988

EILENBERGER, Guido (2003): Betriebliche Finanzwirtschaft, 7. Aufl., Oldenbourg Verlag, München 2003

FRANKE, Günter, HAX, Herbert (2003): Finanzwirtschaft des Unternehmens und Kapitalmarkt, 5. Aufl., Springer Verlag, Berlin 2003

GERKE, Wolfgang, BANK, Matthias (2003): Finanzierung, 2. Aufl., W. Kohllhammer Verlag, Stuttgart 2003

HOHNHAUS, Wolfgang (2004): Erfolg der M&A Beratung bei Unternehmenstransaktionen, Gabler Verlag, Nürnberg 2004

KUNZ, Gunnar (2001): Die Balance Scorecard im Personalmanagment, Campus Verlag, Frankfurt 2001

LASSLESBERGER, Erwin (2005): Finanzierung von A bis Z, Linde Verlag, Wien 2005

OLFERT, Klaus (2008): Lexikon Finanzierung & Investition, Kiehl Verlag, Ludwigshafen 2008

OLFERT, Klaus (2001): Finanzierung, 11. Aufl., Kiehl Verlag, Ludwigshafen 2001

PERRIDON, Louis, STEINER, Manfred (2003): Finanzwirtschaft der Unternehmung, 12. Aufl., Franz Vahlen Verlag München 2003

RAUEISER, Thomas (2007): Syndizierungsstrategien von Business Angels, Eul Verlag, Köln 2007

REHKUGLER, Heinz (2007): Grundzüge der Finanzwirtschaft, Oldenbourg Verlag, München 2007

SCHNECK, Ottmar (2001): Finanzierung, Campus Verlag, Frankfurt a.M. 2001

VOLKART, Rudolf (2003): Corporate Finance, Versus Verlag, Zürich 2003

VOLLMUTH, Hilmar (1994): Finanzierung, Hanser Verlag, München 1994

WERNER, Horst, KOBABE (2005): Rolf, Unternehmensfinanzierung, Schäffer-Poeschel Verlag, Stuttgart 2005

WÖHE, Günter, BILSTEIN, Jürgen (1994): Grundzüge der Unternehmensfinanzierung, 7. Aufl., Vahlen Verlag, München 1994

Zeitschriften:

BERENS, Wolfgang, HOFFJAN, Andreas, PAKULLA, Regina, Venture – Capital – Finanzierung, in: „Wirtschaftswissenschaftliches Studium", 29.Jhrg., Heft 5, Beck Verlag, München 2000

KOLLMANN, Tobias, Unternehmensbeteiligung, in: „Wirtschaftswissenschaftliches Studium", 32. Jhrg., Heft 6, Beck Verlag, München 2003

Online Quellen:

o.V., „Infineon braucht Finanzinvestor nicht", Frankfurter Rundschau, vom 03.08.2008, http://www.fr-online.de/in_und_ausland/wirtschaft/aktuell/1863764_Infineon-braucht-Finanzinvestor-nicht.html

o.V., „Infineon-Aktie steigt und steigt", Handelsblatt, vom 16.07.2009,

http://www.handelsblatt.com/finanzen/aktien-im-fokus/infineon-aktie-steigt-und-steigt;2433454